詩鄕

들꽃동인시선 42

詩鄉

| 시향동인 제5집 |

김 순

김 진

박정희

안미숙

안병애

오정말

유희숙

이영임

책머리에

칼날 같은 언어로 진실을 다듬으며
아궁이 불처럼 시를 지피다
달이 차오를 때
그냥 스치는 바람이 아닌
가슴으로 전하는 시의 향기
리얼리스트문학을 지향하는 시향
푸른 소나무처럼 푸르르길…

2011년 12월

시향동인

| 차례 | **詩鄕** |

김순

김진

박정희

안미숙

안병애

오정말

| 차례 | 詩鄕 |

유회숙

이영임

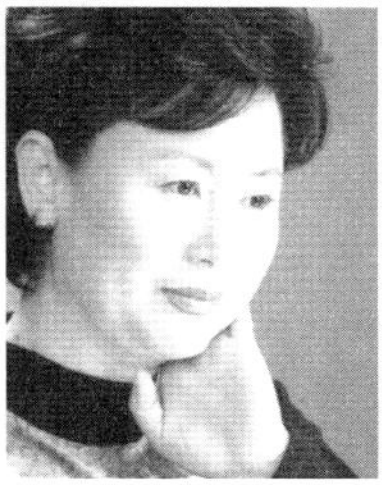

김 순

김순 본명 김영순. 광주 출생. 1999년 『자유문학』 등단. 시향동인. 한국현대시인협회 회원. E-mail: kys105204@paran.com.

시작노트

김일성을 울릴 수 있는 글을 써서
남북통일을 시키겠다던
당돌했던 쬐끄만 계집아이가
중년의 나이가 되었다
詩는 늘 내 곁에 있었지만
나는 아직 詩를 평정하지 못했다
詩는 언제나 풀기 어려운 숙제 같은 것
이 가을 날
참으로 힘든 숙제 다섯문제를 풀었다
정답은 이미 당신의 가슴속에.

고목古木

더 이상
물러설 곳이 없다
오르막 길도
이미
내리막 길도

늙어간다는 것은
눈 내리는
깊은 산중에서
호올로
짐승처럼 사는 것

외 · 로 · 움이다

하느님이 내게 묻는다면

하느님이 내게 묻는다면
열 살 무렵으로 가게 해 달라고 말할래요
부엌에선
도마소리 흥겹게 춤을 추고
큰 오빠의 영어책 읽는 소리가
담을 넘어
우리 집 자랑이던 시절로

하느님이 내게 묻는다면
사춘기 시절로 돌아가게 해 달라고 부탁할래요
홍매화 흐드러진 언덕
호숫가를 따라 핀
희디힌 벚꽃들 사이로
까르륵
계집아이들
미혜,광자,계실이

하느님이 정말 내게 묻는다면
다시는 울지않게 해 달라고 기도할래요

탱자나무 끝 파란 대문집
아무도 오지않는
빈 집에서
고장난 틀니를 은박지로 덧대고 계시던
단풍나무 그늘 밑
어머니의 뒷모습을

아 아 !
마지막으로
정말 마지막으로
하느님이 내게 묻는다면
내가
이미
곁에 와 있다고
속삭일래요

고혈압

10년 쓰던
휴대폰이
변기통에 빠졌다
뚜뚜뚜
먹통이다
그날 저녁
딸 아이가
스마트폰이라며 건넨다
띠띠띠
또또또
띠또 띠또
이 소리는 분명
지구 밖
U F O 에서
내게 보내온 메시지
뿔이 네 개 달린
이 요상한 괴물은
공중에서 몇 번이나
휘청거렸다

나는 복창이 터지고
그는 내장이 터졌다
어지럽다

가을 전어

서해안에 갔다
낯선 바다와 마주했다
파도는 나를 할퀴고
나는 파도를 후린다
수평선 너머
더 이상
파랑새는 없었다
젖은 눈으로
황금색 섬이
말없이
내게 다가와 손을 내민다
섬은 석양에 붉게 타오르고
나는 이슬을 마신다
푸르디 푸른
비늘 하나가
콕
목구멍에 와 박힌다
아! 아부지이
술잔 속에 가을이 불탄다

숯불 위에
벌겋게
내가 타고 있다

전설傳說

태양이 일식을 시작할 때쯤
젊은 왕비는
근위병과 눈이 맞았네
전장에서 돌아온
왕은
그의 사랑하는 견공에게
물 한 모금 주지 않았네

까를교 위
천문시계도
악사들도 깊이 잠든 밤
왕비의
검은 스카프 속에 감춰진
견공의 선명한 이빨 자국은
까를교의 전설이 되어
강물에 던져지고

달빛
서늘한 골목길에

술취한 난봉꾼의
콧노래도 잠이 들고
타앙 타앙
독사 혓바닥 같은
괘종시계가
두 시를 알린다

박제가 되어버린
검독수리를 품에 넣고
나는 어느새
바람부는
마포대교 위를
서성인다
스카프 한 장을
허리춤에 꿰어차고
저기
동이 터 오를 때 까지

김 진

변방에 핀 꽃
忍冬花
나의 눈멂은
빈집 주인
화단에 감나무

김진 본명 김진옥. 경북 의성 출생. 1999년 정공채 시인 추천으로 자유문학으로 등단. 한국문인협회, 한국현대시인협회 회원. 동인으로는 〈자유문학〉 〈농민문학〉 〈시향〉 〈풍경소리〉. 시집 『설핏무지개꽃』. 전화 010.9141.7294

시작노트

버리고 버렸다. 도시를
잡동사니를

늘 기다려 주는 자연의 품에
겸허히 돌아가
오롯이 은둔하며
쓸쓸이와 함께
장독대를 만들고
붉은 인동화 심는다

변방에 핀 꽃

제대로 한 번 주인공 못하고

시들하고

시들하고

파리하고

파리하였다.

忍冬花

지금 그대, 더 한층 아름다운 인동화이어라

돌아보면 그저 어둡고 추웠던 지난날
누군가 나눠주던 옥수수빵
줄지어 타먹으면 그 따뜻한 냄새로
몽당연필 침 발라가며 공부했던 시절

허름한 구제 옷 양키시장에서 사 입고도
멋을 부린 우리의 청춘이
지금 지구촌 저쪽에서 허기져 아우성치는
우리의 소리였습니다

이제 우리의 하얀손 으로
어루만지며, 끌어 안으며
무한정 퍼주고 싶은 까닭은
우리가 받은 은혜를, 축복을 나눔으로
진정 행복할 수 있기 때문입니다

이제 우리의 뱃머리에

화알짝 핀 인동화 큰 송이 꽂고
사랑을 만선으로 싣고
가난한 우리의 이웃 형제자매를 향해
출항 합시다

지금 그대 더 한층 아름다운 인동화이어라

-기아대책 축시

나의 눈멂은

나의 눈멂은 어쩌면

아무것도 아니다가

온 우주였다가

무량 슬픔까지도 알 수 없는

꽃 그림자

빈집 주인

여름 휴가때 가고 비워 놓은
상주 함창 농막에 들렀더니
그동안 주인행세 하던 배암이
슬그머니 담을 넘는다

아주 작은 청개구리 형제
비 오는 날 집을 보았다고

귀뚜라미는 툇마루 밑에서
밤새며 집을 지켰다고

말없는 사마귀
부추꽃밭에서 손을 비비면
가을하늘에서 내려다보던 단감
스레트지붕으로 뛰어 내려온다.

화단에 감나무

심은 적 없는데 화단에 감나무
우리 아이들보다 더 빨리 자라
얼마나 큰 위안을 주는지

여린 잎새를 물고나와 봄을 알렸고
감꽃은 나를 자꾸만
어리게 만들었다

바알간 홍시 몇 개는
도시를 지나가던 새를
불러 앉혔다

당신이었다
내 뜰에 앉은 나무

이삿짐 싸면서
자꾸만 눈물이 흐르는 건
당신을 데려갈 수 없음이다

화단이 없는 아파트로
이사를 하게 되다니

달빛에 얼비치는
저 흔들림아

행글라이더

갯벌

휴대 전화가 불타고 있다

소나기

그림편지

박 정 희

박정희

전남해남출생. 1999년『自由文學』신인상 시 당선. 한국현대시인협회 이사. 한국문인협회 문단바로세우기 운영위원. 보리수 시낭송모임 회원. 자유문학 이사. 〈시향동인〉. 제10회自由文學賞수상. 시집『그리운,소낙비』. 이메일: top6660@hanmail.net. 핸: 016-282-5873.

시작노트

이시대 문학도 3퍼센트의 소금 역할을 했으면…

소금 3퍼센트가 바닷물을 썩지 않게 하듯이
이 시대 문학도 3퍼센트의 소금 역할을 했으면 한다
나는 그 자리에 있고 싶다
모든 사람들과 함께하는 詩…
나는 욕망한다
일상의 차디찬 언어,
소리 없는 언어로 부대끼다,

일상을 감꽃처럼 싱그럽게 클릭하고 싶다
심상의 가장자리로부터
삶, 자연의 초록빛언어가
세상 밖으로 어슴어슴 걸어 나온다
겨울밤
별빛은 총총하다.

행글라이더

산모퉁이에서 자유를 펼친
양날개
수평으로 중심을 잡아라
공중에도 길이 있다

날기는 날되 함부로 날지않는 그

하늘끝자락 날개짓하며 금빛햇살 휘젓는 새소리
바람소리 가볍다

하늘에서 깊은 바다의 바닥을 본 적 있는가?
구름위에서 저하늘의 다락을 살펴본 적 있는가?

새가 되고싶어 더 높이 날아오른다.

갯벌

울엄매는 바다에서 살았네

마을앞바다
갯벌에 발을 묻고 엎드려 있었네

갯벌을 뒤지는
호미가 된 울엄매손을 보고
해오라기 날아가며 낄낄거렸네

해를 바다에 묻은 후
철거덕 지고온 망태기엔
별무더기가 쏟아졌네

비릿한 갯벌냄새에
바닷소리가 적힌
울엄매의 옥양목 적삼

휴대 전화가 불타고 있다

민들레꽃씨들이 메시지를 쳐댄다
흩날리는 씨앗
하늘에 흩어진다.

거리에 쏟아지는 신호탄

보관된 편지 삭제 중
민들레가 몸을 턴다

다시 너에게
메시지,
메시지가 날아간다

사서함, 보관된 편지 다섯 개
후두둑 피는 한 무더기 민들레꽃
문자가 떴다

방금 도착한 너의 꿈을 접수한다.

소나기

묵혀둔 말
풀어놓고싶을 때 있다
싹 씻어버리고싶은,
거친 이 벌판

가끔 사람사는 마을의 범람을 꿈꾼다
해와 달도 씻어 헹군 물벼락의 내막
어디쯤 사내아이 그림자 하나 걸어나와
여우비로 지나간다

고운눈 감았던 달님이 떠오르며 웃는다.

그림편지

아주 먼옛날
글 못 배운 두 형제가 있었다

시골 동생이
도시 형에게 쓴 편지

소소소소소
소소소소소
말말 말고
소소소소소

소 다섯 마리
또 소 다섯 마리
그리고 말 두 마리
또 소 다섯 마리를 그렸다
어머니가 편찮으셔서 위독하다는,

'오소 오소 두말 말고 오소'

안 미 숙

안미숙 서울 출생. 『자유문학』 등단. 〈시향동인〉. 한국현대시인협회 회원.

시작노트

진정한 시인은 투쟁하는 사람이다.
시인은 사람을 깊이 사랑하기에 인간사회의
어떤 부정이나 사악에도
눈을 뗄 수 없다. 보고도 못 본 척할 수 없다.
스승께서 주신 명언을 가슴 깊이 새깁니다.

길이 되고 싶다.
누워 있는 가을을 맘껏 안을 수 있으니…

아버지

섬진강으로 돌아왔다.

지게며 작대기
꼴망태 그대로 있다.

음력 오월 초하루
마지막 촛불을 끄지 못했다.

눈독들인 안방과
재 넘어 논 차지한 장남

매화 장터에서 오신
아버지는 엎어진 술잔 찾으러 강으로 가고

웅크린 해오라기
은어가 뛰고 있다.

분꽃

시골 큰집 대문 옆
분꽃이 저녁을 알린다

노랑꽃
진분홍꽃
손가락이 탱글탱글하다

8년간 살다간 여자가 심었다
읍내에서 막걸리 한 사발
마주한 사랑
대문 밖에서 마당 가득 뿌렸다

점점 향기 진해지고…

용두동 가는 날

긴 여름이었습니다
잠 못 자고
땀이 비오듯 흘러
손수건에 화장 묻어납니다

더위 물러가면
실컷 밤을 안고 싶습니다
좋아하며
몇 번을 실망했는지 모릅니다

비가 내리면
싫어했는데
마지막엔 미안한지
은행알 굴리고 보도블록에 잎사귀 붙여놓고
찡그린 눈썹을 펴 주었습니다

그날 밤
새벽녘에 잠이 들었습니다

느티나무

느티나무는 말말말 땅 밑에 잎사귀 어디다 둘까

사람 오고 비둘기 오고 침이 들어간 막걸릴
느티나무는 알고 있을까

아침이면 또 다시 비둘기 불러 모으고
어제 들은 말은 뭉게뭉게 올려놓고
귀 세우고
눈을 뜨고

골목길을 한 바퀴 돌아온
소문은 소문으로 웃음이 되는 그늘

빨래

가루비누에 담가 놓은 빨래
손끝으로 비볐다

바람 먼지 달라 붙어
움직이질 않는다

비누 덧칠한 솔로 문질렀다
씨줄이 옆으로 밀리면서
얼룩 한 덩이가 빠져 나온다

날줄까지 밀어
물속으로 풍덩

마음밭 짤 때
한 줄로 짰으면
빠져 나오기 쉬울 텐데
바람도 들어오지 못하게
촘촘히

물같은 하늘
해를 숨는 아이들
찾아온 가을
봄볕 아이들
눈 오는 날

안 병 애

안병애 경기 여주 출생. 『자유문학』 등단. 〈시향동인〉. 한국문인협회. 한국현대시인협회 회원. E-mail: an-9027@hanmail.net. 핸: 011-9749-7739.

시작노트

발걸음에 행복을 디디며
다문 입을 열어 노래를 부릅니다.

물같은 하늘

뜰에 널린
저고리 동정은
물같은 하늘입니다

열두 칸 樓閣 안에
고운 떡가루 풀어
겹으로 시루 앉힙니다

젖은 빨래 건져 내시던
솜두루마기 긷던 어머니
창호지에 물 적시며
쪽머리 자르고 합장할 적에
소매깃 비녀가 울었습니다

대청마루 빛내던 양반
버선짝 벗으며
맨몸으로 뽑아낸 시간
감추다 감추다, 태운 날
정, 오늘이었나 봅니다.

해를 숨는 아이들

등이 따가워 해 숨는 아이들
매미 쓰르라미 여치가
덮다 덮다

들녘 노랗게 드러난
둥글둥글한 참외에 눈이 더욱 빛
난
부산한 개구쟁이들

깊이도 모르고 물 속으로
막무가내 뛰어드는
천둥벌거숭이들

놀란 물고기들 뛰어오르고
막혔던 숨 푸-하면
해 떨어져

맨살의 아이들 기다리는
얼룩덜룩 덧칠한 바위 어둠이

차곡차곡 쌓여 솔솔 나온다

찾아온 가을

꽃망울 하얗게 수놓은 높은 하늘
고추잠자리 날개에 눈을
익히며
꽃잎이 떨어지던 마당가도
가을

옷자락을 잡아당기며
약이 오른 들녘
붉은 마음을 쏟아 붓고
풀섶 베일까 염려하던 푸른 잎
나직이 데려오니 가을

봄볕 아이들

돌뿌리로 줄 그으며
사방치기 하는 마당가
먼지가 뒤엉킨 꽃잎
동이물로 씻어
밥 짓는 아이들
북북 치대던 우물가
아이들 목마름에 빨갛고
진달래 화전 부치는
돌덩이 지글거려
삐악거리며 둘러앉은
노란 병아리떼
마루밑 개짖는 소리에
기지개를 펼치며
심통을 부려보는
땅거미
벗어던진 옷 위에
얼룩을 그려놓고
먹물 흐르는 아이들
이마는 동트기를 기다린다.

눈 오는 날

설화가 토해낸
칠흑의 어둠을
은빛으로 메우며
차가운 알갱이 꽃으로
매달린 빈속
붉은 젊음을 감추었다
봉선화 손 끝에 눈을 넣고
차오르는 흰 웃음에
녹아내린다

그림 전시회
재봉틀을 돌리며
사월의 매화밭
어머니
장다리꽃

오정말

오정말 전북 고창 출생. 『자유문학』 등단. 〈시향동인〉. 한국문인협회, 한국현대시인협회 회원. 핸: 010-5630-9395. E-mail: ojm1225@naver.com.

시작노트

어느 봄날 꽃마리 꽃을 찾다가 그냥 돌아와
한 밤을 꼬박 앓았던 기억이 난다 이제
풋풋한 마음으로 그 꽃에 詩心의 꽃등 하나
달아 주고 싶다.
어떤 틀 안에
사로잡혀 있었던 마음의 수식어를 잘라내고
겸허한 자세로 詩의 창을 활짝 열어
세상의 공기를 갈아 넣어주고 싶다.

그림 전시회

대나무 닮은 그 여자 그림쟁이
죽녹원 어디에서 대나무 한그루 몰래
옮겨와 그려놓고
깃발처럼 서 있다
드높은 하늘은 그녀의 창
바람을 몰고 온 청댓잎 소리가
칸칸마다 그녀 붓끝에서 들리면
두팔 치켜든 겨드랑이에서도
진한 묵향이 묻어 난다
감상적 촉수일까
본능적 추락일까
그녀는 미치도록 겨우내내
대나무를 그려 댓고 자신은
대숲 속에 홀연 숨어버렸다
거짓말같이 그녀가 사라진 숲뒤엔
나직이 그녀 이름이 붙어있다
달항아리 여자라고

재봉틀을 돌리며

침묵하던 그녀
입을 열면
들들들
구겨진 말들을 바늘로 찌른다

시집살이하다 쫓겨난
여자의
참았던 비명이
거침없다
창밖의 침엽수림
시리도록 푸르다

세상 떠들썩 내노라 하는
명문가집 맏며느리
얼크러진 생으로 골방의 짐이
된 여자. 더는
숨길게 없다고 탈탈
주머니 뒤집어 턴다

더딘 세월
서툰 인연의 실로 감겨진
먼 길을
한 줄로 시침 한다

사월의 매화밭

화르르, 사월이다
섬진강에 꽃비 내린다 매화밭에
가고 싶다
청매향에 취해
봄 한가득 껴안고
두메 애기풀이며 노루귀며 납작
엎드려 용케도 살았나
어리둥절 한 눈 팔고 있는
꽃마리 꽃도 만나고 싶다
물소리로 이웃들 안부 물어가며
허물어진 담과 담이
팔 뻗어 막쪄낸 쑥개떡을
내미는 산촌, 그곳 어느
항아리 속에 숨어 들어가
봄도
나도
푹 숙성시키고 싶다

어머니

친정집 뒤안
흰 모란꽃
유난히도 환하다

오메! 막내 오냐
고무신 거꾸로 끌며
동동 소매부터 걷어 올리시던
삼베같은 손
땀 절은 무명 치마폭에 얼굴
비벼대던 그리움이
파도로 밀려 온다

어머니 연꽃 길 따라
한 방울 이슬로 자취를 감추신지
몇몇해, 깨진 항아리 속에
아직도 고여 있는 어머니의 시간을
엿보다 뒤돌아보니
등 뒤에
노을로 웃고 계신다

장다리꽃

우루루
장다리 밭을 내달리는
배추흰나비떼를 봐라
저것들은
배추의 이빨들이다

눈뜨기 무섭게 어미의
젖가슴을 헤집고
심장을 헤집고
내장을 헤집다 간 생의
두매한짝들 뒤도 안돌아보고
뿔뿔이 내달리는
저것들은 밤내
어미가 하얗게 앓다 간
숭숭 구멍 난 허파들이다

유 회 숙

유회숙 한국편지가족 경인지회장. 한국현대시인협회 이사. 〈시향동인〉. 시집 『흔들리는 오후』(2002년), 『꽃의 지문을 쓴다』(2006년), 『나비1 나비3』(2009년). 한국방송대학교 제4회 국문학상(시부문) 수상.

시작노트

봄날 창문으로 비쳐오는 햇살은 두려울 정도로 눈부셔요. 투명함에 가려 아무것도 보이지 않는, 손 하나 까딱 할 수 없는 봄의 무기력 봄의 멀미.

시를 만나는 시간도 그 어디쯤이에요. 마음에 그림 한 점 걸어놓고, 나에게 고정 되어 있는 봄을 갈구했는지도 몰라요. 아무리 봄과 섞이고 싶어도 따라가지 못하는 바라만 보아야 하는 그 무엇이어요.

글은 자신의 내면의 반영이며 무의식까지 끄집어내는 과정이지요. 봄 가운데 서서 작은 돌멩이든 풀잎이든 그대로의 모습으로 길 위에서 만나는 모든 것에 생명을 부여하는 봄을 건너갈래요.

슬픔엔 모서리가 없다

문을 열다,
냉장고 안에 싹을 틔운
가슴 한 켠을 지그시 눌러본다
조금씩 껍질만 남아가는
겨울 양파
가장 뜨거운 그늘에
어린 봄이 자란다
바라보면 너무나
작고 여린 것과
스러져 가는 것과
나도 모르게 눈물이 돈다
산다는 건 어쩌면
어둠을 사르는 심지 끝에
점점 헐거워지는 모습
쓸쓸하고 따스한
오랜 슬픔의 집
그 집엔 모서리가 없다

사랑아

1

사랑아
사랑으로 아플 때에는
몹시 보고 싶을 때에는
꽃이 피는 걸 지켜보렴
고개 숙여 바라보는
고개 들어 바라보는
꽃에게 가까이 다가가 보렴
꽃이 피는 소리
가만한 손길이 너의 이마를 짚을 때

2

사랑아
잎과 줄기 사이에
이만큼의 거리에서
아름다운 사랑을 바라보렴
꽃이 피었을 때
잎과 줄기를 기억하지 못함은

너무 가깝거나
너무 멀거나
둘 다 게으름에 지나지 않음을

3
사랑아
사랑으로 몹시 아플 때
꽃에게 가까이 다가가 보렴
꽃이 피는 걸 지켜보렴
빛나는 줄기와
초록 잎
사색의 겨울을 건너온
너의 가슴에 귀 기울여 보렴
꽃이었음을 꽃이었음을 기억하렴

바레인 · 1

이 길로
낮과 밤이 지나가고
바람이 지나간다
바람의 손끝에서 꽃 한 송이
여인의 눈빛 같다

짙은 흙먼지를 일으키며
모래둔덕을 달리는 지프차
내 시계는 바레인을 가고 있다

대지에 뿌리를 두고 솟아오른 듯
회백색 건물과 초록 창문
그리고 풀 한 포기
바라보기만 해도 목이 탄다

섭씨 35도
봄이 오는 사막 한가운데
마치 순례자의 모습
낮은 곳으로 낮은 곳으로 가지를 뻗는

생명의 나무The Tree Of Life

어둠 저 멀리
송유관이 이어지고
밤 깊을수록
딜문Dilmun을 비추는
모스크 첨탑 위 푸른 달이 뜬다

지렁이의 주검

ㄱ자로 꺾인 화단 모퉁이에
상형문자象形文字
생生의 무게 하, 내려놓고
주검이 이승을 떠나고 있다
하나로 태어나서 하나로 돌아가기 위한
순환 고리
가위눌림도 익숙해진
알 수 없는 그늘이 수북하다
이러다 정들면 어쩌누
나보다 더 놀래는 기색이 역력한 꿈속
내 목소리에 놀라
화들짝 꿈을 깨운다
생의 마디에서
세상을 향해 함부로 고개 숙인 일 없는
제 몸을 밀어 지렁이가 당도한
주검을 보고서야
살아 있음을 꿈, 틀, 느낀다

안개를 다듬는 여자

안개, 그 모호함에 손이 간다 그 쓸쓸함이 아름답다 안개에 갇혀 안개를 다듬다 깜박 잠들면 어디선가 밤의 난간을 기어오르는 외고양이 울음소리 한 권의 시집으로 접혀지고 행간엔 바람이 분다 안개가 고양이에 가깝다는 생각도 안개 속에서 가능한 일 불꺼진 터널과 몇 개의 환승역을 지나는 동안 시선은 고정한 채 꼼짝 않는다 그곳에서 안개는 현실보다 더 생생하다 발목이 푹푹 빠지는, 끊임없이 동요하고 그리고 아무곳에도 머물지 않는, 갈피갈피 들쳐지고 넘겨진다 이 구역에서 위선과 거짓은 소통되지 않는다 도심이 가까워질수록 짙은 안개에 젖은 순환선 표표히 수면 위로 떠오른다

여자는 안개를 손에 든 채 잠이 들고 구체적인 향은 중독보다 치명적이다 사람들은 말하리

이 영 임

이영임 강원도 인제 출생. 2000년 『자유문학』 등단. 〈시향동인〉 〈풀밭동인〉. 한국문인협회, 한국현대시인협회 회원. E-mail: violet9710@hanmail.net.

시작노트

시 한 줄에 만족하며
감사할 줄 아는
소박함을 사랑한다

새로운 그리움을 꿈꾸고
설레는 오늘을 풀어내는 순간

아무것도 바라지 않는 시어들의
깊은 우정을 쓴다

누구나 앉을 수 있는 자리지만
아무나 앉지 않는
시인의 자리

겨울을 부르는 비가
조심스레 내린다

가을 한계령

바람이 붉다

더디게 자라
가슴 조이던 순간
눈앞에 펼쳐지는
낮은 계곡

아래로 아래로
달음질쳐 가는
꿈같은 세상

수마에 드러난 상흔에도
곱게 덮인 가을 자락

할머니 계시던
쇠말골이 물든다
돌아서는 한계령도
붉어진다

대설주의보

광덕산[1] 소초사에
깨어나는 갯버들

살 얼음사이로
깊은 뿌리 내리고
폭설에
찢겨지는 가지

머리를 내민다

부러진 우듬지
허연 속살에도
남모르는 씨앗을 품고
차가운 골짜기 아래
흐르는 고요를 마신다

봄볕을 막아선
때 늦은 대설주의보에도
3월은

화들짝 깨어난다

* 충청남도 천안시 동남구 광덕면.

비밀

1
하늘이 빛을 잃었다

어둠속에 몸을 숨겼던 거짓들
승리를 예감하는
지옥의 축제가 시작된다

어디에다 눈을 두어야 할까
차마 마주 볼 수 없는
단절된 통증
눈 감아도
더욱 선명한 갈보리

저 너머
어디선가 들려오는 울음
하늘의 애처로운 죽음의 소리

2

다 이루었다

영원한 자유로
어둠의 멸망을 부른 죽음

어깨를 누르던
십자가에
날개가 돋는다

늦은 후회와
돌이킬 수 없는 슬픔의 분노
이제야
거침없는 사랑 앞에 선다

산 벚꽃 지는 날

자리에 누워 눈감던 어머니
하얗게 번지던 그리움이 진다

멀리
어머니가 그리워하던 고향이 보인다
밭고랑 일구며
약초 찾아 헤매던 산자락

산 벚꽃 지는 날
언덕배기에 앉아
어머니를 기다린다

다시 볼 수 없는 회한 속에
사랑을 두고 떠난
어머니

도라지 사랑

미처 자라지 못한 씨앗 떠내려가는 건 아닐까 뽑아버릴 풀떼기와 함께 뽑혀지는 건 않을까 발에 밟히지 않도록 조심조심 뿌리 다칠라 노심초사 이마에 맺힌 땀방울 가슴에 먼저 터 잡고 앉았는데 따가운 햇볕 아래 같이 자란 바랭이 쇠뜨기 솎아내는 날 흔들리고 들썩거리던 땅을 붙잡고 허옇게 질려 있던 초년初年 도라지 밭

질척한 빗줄기에 퉁퉁 불어버린 일상에서 내 마음 알까 가늠할 수 없는 순례의 길

긴 장마 끝에 피어난 꽃송이 제 몸보다 더 큰 보랏빛 소망으로 하늘 향한 고개를 든다

- 날 잊지 말아요

인지
생략

| 들꽃동인시선 42 | 시향동인 5집 |

詩鄕 동인

2011년 12월 20일 초판인쇄
2011년 12월 25일 초판펴냄

지은이/박정희 외

펴낸이/문창길

펴낸곳/도서출판 들꽃
주 소/100-273 서울 중구 필동3가 21-8 서울캐피탈빌딩 B202호
전 화/02)2267-6833, 2273-1506
팩 스/02)2268-7067
출판등록/제5-313호(1992. 5. 15)
E-mail:dlkot108@hanmail.net

값 9,000원

* 파본된 책은 바꾸어 드립니다.

ISBN 978-89-6143-155-2 04810
ISBN 89-89607-15-9(세트)